Werner Färber

# Geschichten vom Baggerführer Berti

Jllustrationen von Katharina Wieker

Loewe

Die Deutsche Bibliothek – CJP-Einheitsaufnahme

*Geschichten vom Baggerführer Berti* / Werner Färber.
Jll. von Katharina Wieker
– 1. Aufl. – Bindlach : Loewe, 1996
(Lirum Larum Lesemaus)
JSBN 3-7855-2849-3
NE: Färber, Werner; Wieker, Katharina

Dieses Buch ist auf chlorfrei gebleichtem Papier gedruckt.

JSBN 3-7855-2849-3 – 1. Auflage 1996
© 1996 by Loewe Verlag, Bindlach
Umschlagzeichnung: Katharina Wieker
Satz: Leingärtner, Nabburg
Gesamtherstellung: New Jnterlitho Jtalia SPA
Printed in Jtaly

# Inhalt

Berti, der kleine Baggerführer    8

1:0 für Berti    14

Nach einem schweren Tag    22

Ampeln für die Schule    29

Fledermäuse unterm Dach    38

Berti findet einen Schatz    49

# Berti, der kleine Baggerführer

Bevor der kleine  morgens

aus dem  geht, schmiert er

sich . Er nimmt ein paar

aus dem 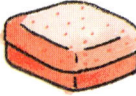 und packt alles

in eine . Dann füllt Berti

seine . Die 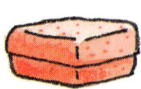 und die

verstaut er in seiner .

Der kleine  setzt seinen  auf und verläßt das .

Wie immer macht er am  halt und kauft sich eine .

Heute kommt Berti als erster auf die . Er ist früh dran.

Gestern hat sein  nämlich ganz fürchterlich gequietscht.

Und das hat dem kleinen  überhaupt nicht gefallen.

Berti holt den großen ,

um den  zu reparieren.

Es ist nicht so schlimm.

Nur eine 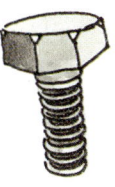 ist locker.

Der kleine  zieht sie mit

dem großen  wieder fest.

Dann klettert er in den  und

stellt die  unter den .

Berti rückt sein  zurecht.

So! Jetzt kann der kleine

endlich loslegen.

# 1:0 für Berti

Der kleine  Berti hebt mit

seinem  eine tiefe

aus. Nur noch eine , und

der  ist schon wieder voll.

„Fertig!" ruft der kleine .

Voll beladen fährt der  los.

Berti macht den  aus.

Bald kann ein neues  gebaut werden. Der kleine   schraubt die   auf und füllt seine   .

Während er trinkt, schaut er

den   auf dem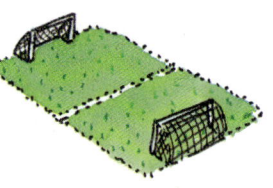

gegenüber zu. Sie spielen mit

einem . Plötzlich prallt

der 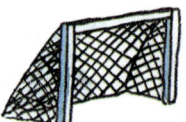 vom  ab.

Er fliegt über den ,

platscht in eine  und

rolllt in die . Die

laufen zu Berti herüber.

„Borgst du uns eine , Berti?"

fragt ein . „Tut mir leid",

sagt der kleine . „Jch habe

keine ." „Wie bekomme ich

dann meinen  wieder?" fragt

das . „Warte, das haben wir

gleich", sagt der kleine .

Er startet den . Aus dem  tuckern kleine . Berti fährt den  dicht an die  heran.

Mit der  baggert Berti nach dem . Flink hantiert der kleine  mit den . Schon hat er den  erwischt. Berti zieht die  hoch und schwenkt sie über die  hinweg.

Er schleudert den  über

den  und trifft genau ins .

„1:0 für Berti!" rufen die

und laufen jubelnd davon.

## Nach einem schweren Tag

Berti liegt im  und schläft.

Auf dem  liegt ein .

Die  auf dem  hat der

kleine  nicht ausgeknipst. Jhm

sind einfach die  zugefallen.

So hundemüde ist er gewesen.

Plötzlich schreckt Berti hoch.

Er setzt sich im  auf und

lauscht. Da ist jemand im .

Vielleicht ein ? Leise steht

Berti auf. Er streift sich den

über und schlüpft in die .

Der kleine  holt die  aus der  und schleicht die  runter. Berti lauscht an jeder .

Tatsächlich, da ist jemand.

Ein ! Berti ist ganz sicher.

„Wo ist nur der ?" hört er

den  sagen. „Aber wieso

bricht ausgerechnet in mein

jemand ein?" denkt der kleine .

„Jch bin doch gar nicht reich, und

einen  habe ich auch nicht."

„Dann nehme ich wenigstens die teure  dort mit", sagt der . Berti stutzt. Er hat gar keine teure . Jrgend etwas stimmt da nicht. Plötzlich muß Berti lachen. „Bin ich dumm", sagt er. Der kleine  knipst die  aus und macht furchtlos die  auf. Und da ist wirklich ein .

Er wird gerade von zwei  verhaftet. Aber das alles passiert nur im . Berti hat ihn nicht ausgemacht, bevor er ins  gegangen ist.

# Ampeln für die Schule

Bevor Berti eine  aufbaggert,

muß er  aufstellen.

Damit es keinen  gibt.

Wenn die 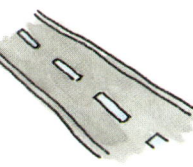 sehr eng ist,

braucht der kleine  sogar

. Aber heute kommen

die  gut aneinander vorbei.

Die  bleiben auf dem .

So eine  ist spannend.

Wie immer bleiben viele  stehen und schauen zu.

Vor Bertis  rattert laut der . Mit der  schaufelt der kleine  einen  nach dem andern voll.

Hinter Bertis  werden schon neue  verlegt.

Am liebsten würden die

Berti noch viel länger zusehen.

Aber sie haben alle  dabei.

Und als in der  gegenüber

die  läutet, müssen alle

ganz schnell über die 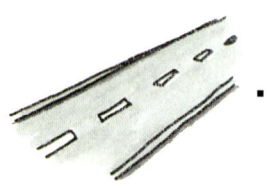 .

Doch die  halten nicht.

Ein  will nicht länger warten

und rennt einfach los. „Paß auf!"

ruft Berti. Die anderen

sehen dem  entsetzt zu.

 quietschen. Ein  hält mitten auf der 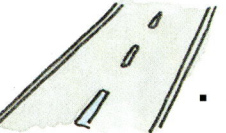. Fast wäre der  überfahren worden.

Der kleine  springt schnell

aus seinem . Erst schimpft

er gewaltig mit dem  auf

dem . „Wie können Sie

vor einer  nur so rasen?"

Dann schimpft Berti auch noch den 🧒 aus. „Du kannst doch nicht einfach so über die 🛣 laufen!"

Und schließlich holt Berti die  vom . Er stellt sie direkt vor der  auf. Jetzt kommen die  sicher über die .

# Fledermäuse unterm Dach

Berti muß ein altes  abreißen.

„Eigentlich schade", denkt der

kleine . „Das  sieht noch

gut aus." Auf der 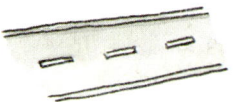 stehen

ein altes , ein  und

viele . Auf dem  sitzt eine

alte . Sie weint fürchterlich.

Berti steigt aus seinem .

„Warum weinen Sie denn?"

fragt der kleine  die alte .

Sie putzt sich laut die .

„Weil Sie das  abreißen",

sagt die . „Ich wohne nämlich

schon immer hier." Der kleine

scharrt verlegen mit den .

„Oh, das wußte ich gar nicht.

Aber der , dem das

gehört, will es so haben", sagt er.

Berti will die alte  trösten.

„Jhr neues  ist bestimmt

viel moderner." „Jch will aber kein

modernes !" sagt die .

„Und die  unter dem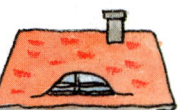

werden auch verscheucht."

Der kleine  denkt kurz nach.

Erst gestern hat er in der

etwas über  gelesen.

Alte , in denen  leben, dürfen nicht abgerissen werden. Genau das hat in der  gestanden. „Das  wird nicht abgerissen", sagt Berti aufgeregt.

Schon rennt er los zu einer .

Er ruft den  an, dem das

gehört. Der kleine  sagt ihm,

daß das  stehenbleiben muß.

Der  ärgert sich fürchterlich.

Er wollte dort eine  bauen.

Aber der kleine  hat recht.

"Das  ist gerettet", sagt

Berti zu der alten  , als er

von der 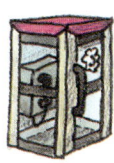 zurückkommt.

Und wieder fließen bei ihr  .

Aber diesmal, weil sie sich freut.

Berti steigt auf seinen  und

fährt davon. „Seltsam", denkt er,

„daß das  wegen der

stehenbleibt. Und nicht wegen

der alten ."

# Berti findet einen Schatz

Ganz oben auf dem  steht eine alte . Dort fährt der kleine  heute hin. Der  ist verschüttet. Berti soll ihn ausgraben. Der  tuckert über die . Der kleine  fängt sofort an zu baggern.

Plötzlich stößt er auf etwas.

Berti stellt den  ab. Er steigt

vom  herunter und holt

eine . Mühsam buddelt er

eine große, schwere  aus.

Sie ist mit einem dicken

gesichert. Die  muß schon

lange hier vergraben liegen.

Natürlich hat Berti keinen .

Er holt eine  aus dem  .

Mit der  bricht er das  auf.

Die   ist voller goldener 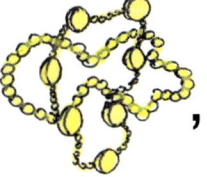,

 und silberner .

Sogar eine  funkelt in der . Der kleine  nimmt den  ab und setzt sich die   auf. Er fühlt sich wie ein .

Berti kramt weiter in der

und findet eine goldene .

Sie ist etwas schmutzig. Er reibt

die  an seiner  sauber.

Plötzlich fängt die  an zu scheppern. Berti wacht auf.

Jn der   hält er seinen .

So was – der kleine  hat alles nur geträumt.

## Die Wörter zu den Bildern:

 Baggerführer
 Helm
 Haus
 Kiosk
 Brote
 Zeitung
 Tomaten
 Baustelle
 Kühlschrank
 Bagger
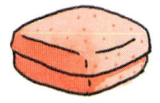 Dose
 Schraubenschlüssel
 Thermoskanne
 Schraube
 Tasche
 Sitz

 Kissen
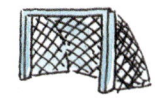 Tor
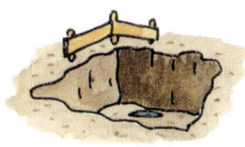 Grube
 Bretterzaun
 Baggerschaufel
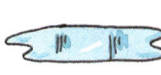 Pfütze
 Lastwagen
 Leiter
 Motor
 Mädchen
 Tasse
 Auspuff
 Kinder
 Wolken
 Fußballplatz
 Hebel
 Fußball
 Bett

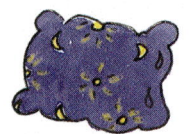 Kopfkissen
 Schublade

 Buch
 Treppe

 Lampe
 Tür

 Nachttisch
 Tresor

 Augen
 Vase

 Einbrecher
 Polizisten

 Bademantel
 Fernseher

 Hausschuhe
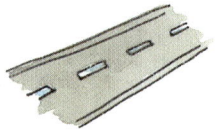 Straße

 Taschenlampe
  Verkehrsschilder

 Unfall
 Reifen

 Ampeln
 Motorrad

 Autos
 Mann

 Preßlufthammer
 Sofa

 Rohre
 Schaukelstuhl

 Schulranzen
 Kisten

 Schule
 Frau

 Glocke
 Nase

 Junge
 Schuhe

 Fledermäuse   Schaufel

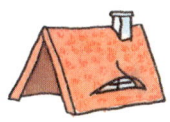 Dach   Truhe

 Telefonzelle   Schloß

 Tankstelle   Schlüssel

 Tränen   Zange

 Berg   Werkzeugkasten

 Burg   Ketten

 Brunnen   Ringe

 Zugbrücke   Münzen

 Krone

 Hose

 Sonne

 Hand

 König

 Wecker

 Uhr